諷詩調詩集 · 491

풍간시초 · 7

박진환 제543시집

지성감성의 메타언어
조선문학사시인선.1004

諷詩調詩集 · 491

풍간시초(諷諫詩抄) · 7

주선문학사

■ 책머리에

600권의 시집에 가 닿고 싶다

　이번 풍시조시집은 『풍간시초(諷諫詩抄)』란 타이틀로 『책선시초(責善詩抄)』 이후에 쓴 풍시조 2,800편을 100편씩 28권의 시집에 나누어 묶었다.

　타이틀 풍간(諷諫)이란 말은 '살며시 나무라는 뜻을 붙이어 비유로 남을 깨우친다'는 말이다. 바꾸어 풀이하면 잘못을 비유로써 깨우친다 함이니 시로써 징벌하는, 문화적으론 선에 이바지함쯤이 된다. 풍시조 식으로는 악에 감행하는 시의 복수도 되고, 복수의 시가 되기도 한다. 그리고 악에 감행한 문화적 징벌이니 선에 이바지하는 개선(改善)의 의도쯤이 된다.

　시대·세태·현실에서 자행되고 있는 부조리·비리·악행과 같은 시대적 병리를 비유로써 일깨워줌으로써 선을 일으켜 세우려는 문화적 행위쯤이 된다.

풍시조가 악의 교정을 통한, 악을 징벌함으로써 선을 일으켜 세우고자 하는 선에의 봉사라는 점에서 '순수한 통징'의 감행이라고도 할 수 있다.

나름의 풍시조 시에 대한 신념에 충실하고자 하고 앞으로 중단됨이 없이 더 써서 600권의 시집에 가 닿고 싶다.

2025년 仲秋
저자

박진환 제543시집 / 諷詩調詩集 · 491
풍간시초 · 7

차례

책머리에_600권의 시집에 가 닿고 싶다 / 5

2025년 6월 8일
현상이어서 / 13
아닐지 / 14
속이 이러해서 / 15
볼 줄 알고 보여줘야 / 16
듣기만 해도 가슴 설레는 / 17
다른 표현인 것을 / 18
삶의 맛 / 19
맛있지 않겠는가 / 20
바꿔야 할 듯 / 21

2025년 6월 9일
도치덕치(刀治德治) 베풀면 / 22
도치라 하지 / 23
빗대 보여서 / 24
빈 데로 가득찬 / 25
여유의 / 26

길잡이 돼야 / 27
정치는 국민이 하는 것이여 / 28
반은 죽은 목숨이어서 / 29
no도 주어 역할 했으면 / 30
제시된 셈 / 31
등식 / 32
것이어서 / 33
잘 운영됐으면 / 34
했던데 / 35
정도여서 / 36

2025년 6월 10일

언제쯤 해피엔딩? / 37
필요하면 고쳐 써야 / 38
큰 역사의 그릇에 담길 판 / 39
꿈 실현 돼야 / 40
열매에 독만 안 들어있다면 / 41
어찌 칼날 막을 수 있나 / 42
이어져야 / 43
모르시나들 / 44
바뀔 듯 / 45
중용(中庸) 상실시대라는 사실 / 46
딱 그래서 / 47
필요한 것을 / 48

국화꽃 같기도 해서 / 49
구화투신 됐을 듯 / 50
가야 할 길 아니던가 / 51
정도행 / 52

2025년 6월 11일
쳐봐라 식이어서 / 53
상법도 하법도 돼서 / 54
발길에 차일 수도 / 55
듣는 연습 했으면 / 56
터지라고 있는 것이어서 / 57
프로이트 선생 답해 보시오 / 58
호통이었다 / 59
다반사여서 / 60
힘이 선이 되는 소이다 / 61
발음연습 많이 해야 할 듯 / 62
복원됐으면 / 63
오! 자주란 말에의 향수 / 64
최상의 것인 것을 / 65
눈을 흐리게 해서 / 66
복(複)이 복(福)될 수도 / 67

2025닌 6월 12일
시원함이리니 / 68

쯧쯧 / 69
하치(下治)인데 / 70
필요할 듯 / 71
"형님만 믿어유" / 72
살해일기 된지 오래여서 / 73
주(株)자도 모르는 주제여서 / 74
중용(中庸) 배워야 할 듯 / 75
칼로 휘둘러서 / 76
도치(刀治) 아닌 도치(道治)시대 열어야 / 77
빠진 적 없어서 / 78
다르지 않음이네 / 79
더 좋아서·1 / 80
더 좋아서·2 / 81
쥐어져 있거든 / 82

2025년 6월 13일
망할밖에 / 83
누구시더라? / 84
처량할 판 / 85
경기할 판이어서 / 86
읽을 줄 알아야 / 87
세위(洗胃)하고 / 88
box였던 것을 / 89
우글우글해서 / 90

질주마여서 / 91
동의할 수도 / 92
한둘이어야지 / 93
그것만으로도 차고 넘칠 듯 / 94
의문부? / 95
어디긴 복당이지 / 96
술꼬대까지 하는데 / 97
정토가 따로 없을 듯 / 98
따로가 아니듯 / 99

2025년 6월 14일
무릎 꿇기도 / 100
악이거든 / 101
말고는 / 102
에잇 / 103
것이어서 / 104
보이는 것 / 105
달라 / 106
부끄러운 방관자여서·1 / 107
부끄러운 방관자여서·2 / 108
거리가 멀어서 / 109
되어주다니 / 110
언제쯤 면할는지 / 111
포탄 소리여서 / 112

- **시집 평설을 대신해서_諷詩調에 대한 사계의 견해**
  三行詩의 안팎_문덕수 / 113
  知的調律에 의한 시 意味의 密度와 結晶度_성찬경 / 122
  諷詩調의 깃발과 風向_김용직 / 128
  박진환의 3행 '諷詩調'에 대하여_최원규 / 131
  풍시조 읽기_문효치 / 136
  諷詩調에 나타난 형이상시법의 수사법_최규철 / 140

2025년 6월 8일

현상이어서

현상 하나: 승자는 자랑, 서로 잘했다는 자축이면 덕성인데 잘했다고 내세우면 추태, 현상 둘: 패자는 네 탓만, 탓 거울삼으면 덕성인데 헐뜯기면 추태, 정치판 두 추태가 현상이어서

아닐지

추악이야말로 유일한 현실이었다고 했던데, 어젯날도 그랬고 오늘날도 그리할 듯싶어서, 드러난 현실이 이리 추악하면, 참된 것은 현실 속에 있다 했던데 속엔 더 추악함이 들어 있단 뜻 아닐지

속이 이러해서

'폐물처럼 더럽고 쓸데없고 추악해/아이들의 장난감, 놀림감이 되었다'는 보들레르의 '오만의 벌' 시구다, 갖은 체병 오죽더러웠으면 '폐물·추억·장난감' 취급을, 보들레르의 눈에 비친 속이 이러해서

볼 줄 알고 보여줘야

오늘 우리 현실의 밖과 속이 이러할 듯, 외양을 좇는 눈엔 안 보이고
내면의 비의를 보고자 한 눈에는 보이는 추악상, 견자의 눈을
가진 시인, 이를 볼 줄 알고 보여줘야

듣기만 해도 가슴 설레는

오만·독선·젠체, 고집과 오기의 시대는 갔다, 간 게 아니라 몰아냈다, 그리고 선택했다, 서로 존중하고 양보하고 상생하는 그런 공생의 시대를, 공생 듣기만 해도 가슴 설레는

다른 표현인 것을

절망뿐이었던 가슴에 설렘을 일으키게 하는 자장(磁場) 민주의 발동기만이 방출할 수 있는 설렘으로 떨림하는, 떨림해 가슴과 가슴으로 이어지는 자장, 자장이 상생·공생의 다른 표현인 것을

삶의 맛

상생·공생이 더불어 사는 삶 아니던가, '더불어' 많이 보고 듣고도 실감 안 가더니, 새로 새겨보는 맛 속에 공생·상생이 들어 있데, 더불어 살아가면서 나누는 삶의 맛

맛있지 않겠는가

만식당육이라 했던가, 그간 민주에 굶주리고, 독재에 일으킨
비위난정으로 공복 상태 못 면하던 시장기, 늦게나마
미각 회복 채울 수 있으니 어찌 맛있지 않겠는가

※ 만식당육(晩食當肉) : 늦게 먹은 것이 고기 맛을 당한다 함이니 시장하여
음식을 먹으면 무엇이라도 맛있다는 말

바꿔야 할 듯

소화불량을 일으키든지, 취해 나자빠지든지 하는 사람은 먹을 줄도 마실 줄도 모르는 인간 했던데, 그간 통치란 독에 취해 일으킨 비위난정, 독에 취해 나자빠진 숙취의 정치생리 바꿔야 할 듯

2025년 6월 9일

도치덕치(刀治德治) 베풀면

'정치의 미덕' 했던데, 글쎄요? 정치에도 미덕이 들어있던가요 하도 악덕정치에 시달리며 살아서, 미덕이란 게 아름다운 덕 정치 자체에는 없고 다스리기에 따라 미덕 될 수도, 도치덕치 베풀면

도치라 하지

도치(道治)는 국민을 바른길, 바른 곳, 바른 나라로 이끄는 정치이고 덕치는 덕을 함께하는 복지정치를 이름이다. 통치로서의 도치부치(刀治斧治)와 다름이다. 도끼를 제주·전라·충청에선 도치라 하지

빗대 보여서

도치(道治)가 좋단 말 들었던지 한 손엔 도치(刀治), 또 한 손엔 도치(도끼의 제주·충청·전라 방언) 들고 설쳤겠다, 도치(道治)는 하늘의 법도쯤으로, 도치(刀治)는 백정의 칼쯤으로 빗대 보여서

빈 데로 가득찬

'광장 이후의 광장' 했던데, 촛불이나 태극기가 대립하는 그런 광장 말고, 시민들의 자유로운 발걸음이 들르는 그런 광장 말고 앞으로는 텅 빈 광장 됐으면, 혼란도, 외침도, 대결도 없는, 빈 데로 가득찬

여유의

'지금 가고있는길에서 10도만 방향틀어도 미래는달라진다' 새겨볼만
앞만 보고 내닫는, 돌진만이 삶의 목표가 된 전진 말고, 봄엔 꽃
여름엔 그늘, 가을엔 낙엽, 겨울엔 눈길 한 시간쯤 쉬어가는 여유의

길잡이 돼야

새 정부에 실천 쇄도 봇물 차원이던데, 이리 한꺼번에 밀어붙이면 어찌 제대로 정신들 차리겠는가, 하나하나 지켜보면서 잘못한 것엔 채찍질로, 잘못 들어서면 '어디여'로 백성들이 길잡이 돼야

정치는 국민이 하는 것이여

정치의 정(政)자가 바를 정(正)에 칠 복(攵)을 곁들인 소이, 잘못 다스리면 매로치라는 뜻아니던가, 황소에게 밭갈이맡긴 정치 경작지 소 잘못 가면 어디어로 안내 안 하던가, 정치는 국민이 하는 것이여

반은 죽은 목숨이어서

'저소득 혼밥 노인' 했데, 독거식단 밥 짓고 상 차리고 혼자 상 앞에 하는 일이 궁색스럽고 한탄조 되는 일 자주 경험한다, 다행히 무탈 세끼 차려먹지만 병들어 식욕 떨어지면 반은 죽은 목숨이어서

no도 주어 역할 했으면

한국인 코쟁이 앞에 하면 yes yes가 잘 길들여진 버릇처럼
구사 돼서, 또 있지 무조건 OK, OK, 힘없고 줏대 없으면
그래, 이 대통령 G7 참석, 실용외교에선 no도 주어 역할 했으면

제시된 셈

트럼프가 미 명문대 아이비리그 공격 배경엔 대학이 '진보적'이란
소이 때문이라데, 역시 하버드 때리기도 같은 맥락, 이를 합쳐
보면 트럼프의 정책은 극우로 가는 길로 제시된 셈

등식

미, '이민자 단속 반대시위 격화로 트럼프 '군 병력 투입' 했데
어째서 윤석열 계엄이 연상되지? 답 있었네
패권이란 게 힘, 힘이란 게 무력이란 등식

것이어서

등식은 같은데 한쪽은 등식에의 충실로 힘자랑하고
한쪽은 등신돼 내란 우두머리 못 면할 판국 앞에 서 있고
등식이란 게 공식과 달리 그때그때 달라지는 것이어서

잘 운영됐으면

대통령실 체제가 3실장 7수석제란 걸 이제 알았네, 3이면
단군신화의 3태백, 3.7일, 360사와 같은 한국 원형수치, 7이면
럭키세븐이니 서구적 길수, 원형과 길수면 궁합 맞네, 잘 운영됐으면

했던데

내란 특검, 김건희 특검, 조짐이 불길한 쪽으로 기울어서, 파면으로 한번 울고, 내란심판으로 또한번 울고, 김건희 특검으로 또한번 울면 통곡 안 될지? 우리 속담에 봄 꿩 제 울음에 죽는다 했던데

정도여서

1인 체제 '방통위·방심위'도 정상화 초읽기 했데, 방송 3법
통과 되면 '이진숙 임기 자동 종료' 했던데, 1인 체제
종식하고 다인 체제로 운영됨이 정언(正言)과 함께 정도여서

2025년 6월 10일

언제쯤 해피엔딩?

한국 창작뮤지컬 「어쩌면 해피엔딩」이 뮤지컬 분야 최고권위 토니상에서 작품상 등 6관왕에 올라섬으로써 '어쩌면'이란 부사 뜯어내고 '해피엔딩' 했는데, 뮤지컬 아닌 무질서 정치는 언제쯤 해피엔딩?

필요하면 고쳐 써야

윤석열 사병으로 전락했던 경호처를 대수술한다데, 대통령이란
배경 믿고 대통령에 충성함으로써 사병임을 자청했다
그냥 두면 그 버릇 못 고쳐, 필요하면 고쳐 써야

큰 역사의 그릇에 담길 판

대통령 재판 연기, 법원 결정이면 존중해야, 헌법 84조에 근거했으니 법적 하자도 없는 셈, 재판에 끌려다닐 일 없겠다, 그 시간까지 민생·안보·협치에 쏟아부으면 큰 역사의 그릇에 담길판

꿈 실현돼야

노동, 땀의 대가가 '이제 꿈이 아니길' 했던데, 지금까진 땀의 대가 챙기기가 꿈이었다는 뜻, 헛꿈 꾸게 했던 잠꼬대·꿈꼬대 끝났으니 땀의 대가 꿈 실현돼야

열매에 독만 안 들어있다면

한·일정상 첫통화, '성숙한관계로', 오랜만에어른스런말 들어보겠네
그간은 미가조정한대로, 역대정권 따라하기로 한술 더떠 iPien tao로
편향성까지, 성숙이면 서서히 익어가기, 열매에 독 안 들어있다면

어찌 칼날 막을 수 있나

경찰, 출석요구에 윤석열 버티기, 비록 버티기가 전매특허품이긴
해도 그것도 버틸만했을 때, 지금은 고분고분 따라야
칼자루 쥔 쪽이 바뀌어서, 맨손으로 어찌 칼날 막을 수 있나

이어져야

이 대통령 '국정수행 잘할 것 58.2%' 두고 윤석열 취임 직후보다 높아 했던데, 빗대어볼 것에 빗대여야지, 불경스럽게시리 문제는 앞으로 쭉 → → → '잘할 갓'이 아닌 '잘해'로 이어져야

모르시나들

국민 음료 섭취량 5년새 20% 껑충 두고 '아동·청소년 탄산 선호 혈당주의' 했데, 요즘 길거리 눈에 띄는 젊은 층 거대 비만 딱하다 싶었는데 탄산음료 때문이었다고, 맹물이 더 좋은 걸 모르시나들

바뀔 듯

내란의 뿌리, 파고들수록 '윤석열 장기간 공모정황'
'장기 집권계획'까지 들여다봐야 할 것으로 보고 특검 불가피
했던데, '아무 일도 없었다' '이런 일이 있었다'로 바뀔 듯

중용(中庸) 상실시대라는 사실

초등교육 넘어 대입까지 파고든 '리박스쿨' 했던데, 허면
초에서 대까지 전 교육 과정에 깊이 개입했다는 증거
극좌도 문제지만 극우도 문제, 더 문제는 중용 상실시대라는 사실

딱 그래서

중용(中庸)이란 게 중심에 기둥 세워 중심 유지했을 때만 가능
이리 쏠리고 저리 쏠리면, 이리 흔들리고 저리 흔들려 중심 상실
지나침과 모자람을 악의 특색이라 했던데, 우리 현실이 딱 그래서

필요한 것을

가장 안전하게 가려면 한가운데 길을 택하라 했던데
중용지도(中庸之道)를 두고 한 말 아니던가, 헌데 극우·극좌
극단으로 치닫는 우리 현실, 절장보단의 지혜가 필요한 것을

※ 절장보단(絶長補短) : 긴 것을 잘라다 짧은 것에 잇는다 함이니 중용지도를
두고 한 말

국화꽃 같기도 해서

충주시에 새로운 라면 생겼데, '나누면'
무료로 라면 나눠먹으며 이웃과 소통하는 '나누면'
매장 안에 주민들 '웃음꽃'이라데, 라면발이 국화꽃 같기도 해서

구화투신 됐을 듯

미·중 '런던 무역협상' 두고 '관세보다 급했던 수출 제한 해제' 했데
아무려면 발등의 불보다 더 급한 게 있던가, 이리 화급한
상황에서 관세만 고집했다면 고집이 구화투신 됐을 듯

※ 구화투신(救火投薪) : 불을 끈다고 장작을 던진다 함이 더 불길만 키운다는
뜻으로 근본을 다스리지 못하면 더 큰 화를 부른다는 뜻

가야 할 길 아니던가

급할수록 돌아가라 했던가, 급하다고 샛길 택했다가
호랑이 나타나면 물려 죽기 아니면 물려 상처입기 마련
대도(大道)·정도(正道)가 가야 할 길 아니던가

정도행

헌데 세상은 가야 할 대도·정도 두고 끼어들기
가로지르기, 샛길 찾기 즐겨서
'어디여' 느리게 내딛어도 잘못 들어섬 없어야 정도행

※ 어디여 : 소가 길을 잘못 들면 바른길로 가라고 채찍 대신 하는 말

2025년 6월 11일

쳐봐라 식이어서

새 정부 부동산 신호 깜박깜박 심상치 않은 신호 했데
부동산이란 게 움직일 수 없지만 키는 항상 크고 있는 생물이어서
못 꺾어, 설혹 칼로 목 쳤다 해도 금방 자라 '쳐봐라 식'이어서

상법도 하법도 돼서

이재명정부 1호 법안 '3대 특검법', 서둘러 구악 청산해야, 새 출발에 희망도 기대도, 첫발부터 헛발질이면 따르는 국민 없어 자승자박 될 수도, 법이란 게 만들기보다 실행하기에 따라 상법도 하법도 돼서

발길에 차일 수도

이 대통령·시진핑 중 주석 통화가 중요한 게 아니라, 상견례시 겉치레가 중요한게 아니라 국제관계의 바로미터 iPien tao 지양해야 한쪽으로 기울다간 자빠지는 수가, 자빠지면 발길에 차일 수도

듣는 연습 했으면

김민석 총리 후보자 '듣는 귀 훈련' 했던데 덕담차원, 떠드는
입 솔구이발로 구린내만 풍긴 세태에서 '듣는 귀'면, 더군다나
듣기연습이라니 귀한 말씀, 제발 솔구이발 지양 듣는 연습 했으면

※ 솔구이발(率口而發) : 입에서 나오는 대로 지껄인다 함이니 정제되지 못한
말을 경계하는 말

터지라고 있는 것이어서

정부, 대북전단 살포중단 조치강화, 일단 환영, 효과미지수에 문제의 소지만 부풀어 있어서, 언제 터질지 모르는 풍선 아닌 폭탄, 그보다 풍선으론 아무것도 할 수 없어, 풍선이란 게 터지라고 있는 것이어서

프로이트 선생 답해 보시오

'트럼프·이재명 통화는 거짓'이란 가짜뉴스 버젓이 행세 진짜보다
가짜 믿기를 더 좋아하는 세태, 정신분석학적으론 부정심리가
동원한 진실에 대한 거부 같아서, 프로이트 선생 답해 보시오

호통이었다

중 시진핑이 감금되고, 중국에 새 정치가 들어설 것이란 가짜뉴스를 한 제자가 전하면서 하늘이 무너지듯 걱정했다, 가짜뉴스에 현혹되지 말라 했더니 뉴스도 모르면서 무슨 시를 쓰느냐 되레 호통이었다

다반사여서

'한 배 타자고 손 내미는 미국'에 '섣불리 손잡으면 빈 배' 했데
빈말 아닌 것 같아 절로 미소, 그래 미국이란 나라가 국익 앞에서는
먼저 손 내밀 줄도, 문제는 내민 손 뒤집기 다반사여서

힘이 선이 되는 소이다

지난 대선, 선거는 이기면 선, 지면 악이 되는 조직문화다 아무리 불법적 악행이었다 할지라도 승리자에겐 선이 되고 패자에겐 아무리 선행이었다 할지라도 악이 된다, 힘이 선이 되는 소이다

발음연습 많이 해야 할 듯

미·일·중과 통화한 이 대통령 두고 '실용외교 출발점' 했던데 iPien tao 지양을 두고 한 말일 듯, 문제는 그간 yes에만 길들여진 외교타성 no할 줄도 알아야 하는데, 발음연습 많이 해야 할 듯

복원됐으면

'대북 풍선 엄단과 함께 '남북 확성기도 중단' 했던데
풍선은 터지면 지저분하고, 확성기는 시끄러워서, 실용외교
표방했듯이, 실용 대북관계도 이참에 복원됐으면

오! 자주란 말에의 향수

'오래된 동맹 중독' 했던데, 맞는 말에 틀림없고 '주한 미군 감축에 쿨'하게도 신선하게 들려서, 동맹에 의존하지 않는 자주국방도 제기해 볼만, 오! '자주'란 말에의 향수

최상의 것인 것을

'자주가 당면인데 향수로 지녀야 한다니, 그리움이 많은 소이다
그리움이 어찌 인사에만 한하던가, 자유에도, 행복에도
평화에의 그리움도 있는 것을, 있어 최상의 것인 것을

눈을 흐리게 해서

    미 트럼프의 이민정책이 파생시킨 LA의 군사행동 두고 계엄령을 염두에 둔 '예행연습' 운운 했던데, 그게 부러웠나? 실패한 계엄의 비극도 볼 줄 알아야, 허긴 욕망이란 게 눈을 흐리게 해서

복(複)이 복(福)될 수도

'복대리 변호사' 했기에 무슨 말인가 했더니 사건을 수임한 변호사 역을 또 수임한 변호사를 두고 한 말, 흡사 '대리운전사'와 같은 대학에도 진즉부터 대리강사 있었고, 어쩌면 복(複)이 복(福)될 수도

2025년 6월 12일

시원함이라니

이재명 정부, 윤석열 전 정부 시정방침 일일이 바꾸거나 폐기
잘한 것이 있어야 따라하거나 이어가기도 하는데 없어, 허니 3년
통치가 치통앓이 못 면했지, 아린 이빨 빠진 듯 시원함이라니

쯧쯧

군, 대북 확성기 방송 중지, 전 정부 재개 1년 만에, 안 그래도 이전투구장 깽깽이 소리 시끄러웠는데, 말씀으로도 통할까 말까 한 남북관계를 말도 아닌 깽깽이 소리로 막고자 했으니 쯧쯧

하치(下治)인데

미, LA 시민들 "트럼프가 폭력조장, 여기는 전쟁터가 아니다"란 피켓 치켜들며 "트럼프가 군대를 투입하기 전까진 평화롭기 그지없었다"고 외쳐대, 무력 동원 그거 하치(下治)인데

필요할 듯

트럼프 2기, 1기보다 더 짙어진 게 하나 있지, 뭐냐고? 시꺼멍 콧수염, 자화상 그려도 좋지만 작화정치(作畵政治)는 하치(下治) 하이 히틀러, 스탈린 콧수염 떠올리게해서, 수염 깎는 연습 필요할듯

"형님만 믿어유"

영·캐나다·뉴질랜드 등은 이스라엘 제재, 미는 이스라엘 편들고 때리는 시어머니보다 말리는 시누이가 더 밉다더니, 미국이 그 지경될 판, 그러든지 말든지, 네타냐후는 "형님만 믿어유"

살해일기 된 지 오래여서

이스라엘, 가자지구 학교·종교시설 등 대신한 민간인 고의 살해
이스라엘에도 교회·학교 있을까? 있어 바이블로 읽을까?
읽어봤자 성구들이 피로 쓴 살해일기 된 지 오래여서

주(株)자도 모르는 주제여서

그간 주식시장 붕괴로 몇 주 안 되는 주 두고 '망했다' 했더니 삼성전자·하이닉스 등 우량주 살아나는가 보데, 간 아내가 주고 간 주식, 아내 음덕 기리게 할는지? 주자도 모르는 주제여서

중용(中庸) 배워야 할 듯

리박스쿨, 의혹 꼬리에 꼬리를 물더니, 교육수장 꼬리 빼는 꼴이라니 역시 꼴에 꼴값들, 극우도 극좌도 싫어하지만 극우하는 짓, 꼴값 중에서도 상꼴값 리·박 아닌 자사(子思)의 중용 배워야 할 듯

칼로 휘둘러서

정치검찰의 편파적 기소, '보면 안다' 했다데, 보고도 모르면 달걀봉사이거나 백목 아니겠는가, 문제는 정치검찰이란 게 '보고도 알 수 없게', '알면 또 어때 삭' 기소란 무기 칼로 휘둘러서

도치(刀治) 아닌 도치(道治)시대 열어야

수사권은 중수청, 기소권은 공소청 했던데, 검찰청 해체수준
검찰·사법 개혁으로 칼찬 호위무사 통치 끝내고 진정한
법과 법 실천으로 도치(刀治) 아닌 도치(道治)시대 열어야

빠진 적 없어서

빈번히 일어나고 있는 살인사건, 시대가 악마화돼 가고 있어선가 인간이 악마와 손을 잡은 때문인가, 악마는 치정을 즐겨선가, 여자를 우리들의 천사이며 악마라했던데 살인대상에 여자가 빠진 적 없어서

다르지 않음이네

덕은 일종의 건강이고 아름다움이며 영혼의 훌륭한 존재방식이라고
한것은 플라톤이다, 허면 실덕은 병이며, 추이고 영혼의무덤이 된다
    sex를 영혼의 무덤이라 했던데 실덕과 다르지 않음이네

더 좋아서 · 1

'혼자 있지 말고 복지관에 나오세요' 했길래 뭔 소린가 했더니 고립 은둔 가구 참여형 안부확인 사업이라데, 관심없고, 고독·그리움 침묵 울타리 삼고 마음에 절간 하나 지니고 사는 것이 더 좋아서

더 좋아서 · 2

각자도생이 달리 각자도생인가, 나름의 삶의 방식, 삶의 철학 좇아
　살아가는 것을 말함이지, 할 일 있고, 좋아서 하면서 사는 일
복지관 1000원, 3500원 벌이보다 스스로에게 무료봉사가 더 좋아서

쥐어져 있거든

김정은 향한 트럼프 친서, 북 수령거부 했다데, 푸틴·시진핑
배경으로 한 호부우 백두산 아닌 거대 대륙 배경으로 둘렀거든
한 손엔 핵버튼, 또 한 손엔 중·소 유대 밧줄 쥐어져 있거든

2025년 6월 13일

망할밖에

정부 개입으로 풍선 접고, 확성기 ㅠ자, 북도 확성기 껐다
이리 쉬운걸 고집 앞세우고 오기 부리다 망한 정권
정치에도 지혜가 필요한 것을 통치로만 다스리려 했으니 망할밖에

누구시더라?

미, 북·미 대화에 공들이는 모양이던데, 관세폭탄도 필요 없고 서신이나 주고받자면 굳이 외면할 필요 있을까? 문제는 뒤에 서 있는 분, 그분이 누구시더라?

처량할 판

민주당·혁신당, 3대 특검 후보 추천, 대통령이 재가
빨리 시작하고 빨리 끝내 모든 의혹 씻어내고 새 출발해야
새 복당 실장도 점쳐지데만 처지치곤 처량할 판

경기할 판이어서

남북확성기 소리멎자 DMZ 주민들 "간만에 단잠, 이제야 살것 같다"
대통령 잘 뽑은 덕 제일 먼저 보신 듯, 헌데 말씀이시, 남녘엔 확성기
보다 더 지독한 앰뷸런스 질러대는 소리에 잠 아닌 경기할 판이어서

읽을 줄 알아야

돌아가는 꼴이 이상타, 북 김정은 미 트럼프 서신은 수신거부하고 러 푸틴에겐 '언제나 함께 있을 갓'이란 축전 보냈다데, 그렇구먼 수신거부 뒤에 특호 활자로 써있는 '적 다시 폐가' 읽을 줄 알아야

세위(洗胃)하고

대통령도 물갈이, 여야도 물갈이, 그간 어지간히 구정물 못면한 정치 시궁창, 법꾸라지들 이리꿈틀 저리꿈틀대더니 제발 맑은물로 헹궈내 맑은 정치 펼쳤으면, 차제에 비위난정도 맑은 물로 세위하고

box였던 것을

리박스쿨 했기에 리박스 속에 얼음과자라도 들어있는가 했더니
웬걸, 극우 독성으로 오염된 늘봄학교 교재가 들어 있었어
늘봄학교란 게 독침 세운 벌집 box였던 것을

우글우글해서

금감원장 하마평 김은경 한국외대교수가 "금융위 필요 없다"며 폐지 주장, 소이인즉 정책·감독 이원화가 '기형적구조'란 점, 뿐만 아니지 각 부에 예속·종속된 원(院)을 비롯한 기생 기관들이 우글우글해서

질주마여서

토허구역 지정에도 서울 APT값 뜀박질 가속했던데
고개만 쳐들 줄 알았더니 뜀박질까지면 콘크리트 괴물 중 상괴물
목을 쳐도 안 들고 밧줄로 묶어도 끊고 질주 즐기는 질주마여서

동의할 수도

인류는 살아남기위해 '종교를발명'했다했던데, 글쎄요, 유한성깨닫고
영원성찾기위한 '구원의수단'으로 만들었을수도, 신은 '인간의필요에
의해 피조'됐다는 독일 헤겔학파 포이에르 바하 말에 동의할 수도

한둘이어야지

기후 에너지부가 신설될 모양이던데, 환경부는 뭣하고 따로 신설? 허기사 겹치기가 한둘인가? 합쳐야 할 것이 한둘이던가? 부(部)로 귀속해도 좋을 퇴직자 자리가 원(院)이니 위원회가 한둘이어야지

그것만으로도 차고 넘칠 듯

'이재명 실용정부가 성공하려면' 했던데, 한 가지 있긴 한데 정책만 나열해 놓고 실행 못하는 '작문정치', 그림만 그려 놓고 색도 못 칠한 기존의 '작화정치' 실천하면 그만으로도 차고 넘칠 듯

의문부?

'해로운 정치인 이준석' 했던데, '필요한 이준석', '이로운 이준석'
해도 국민에게 어필하기 어려운 게 정치인인데 '해로운 정치안'이면
?부 스스로 풀 수 있을까? 찍히느니 ?뿐인 ?부

어디긴 복당이지

윤석열·김건희 부부 소환 수사 불응 두고 '지금도 대통령인 줄 아냐 했던데, 탓하지 마시게나, 부창부수인데 따로따로 출석할 수 있겠나 가도 함께 가야지, 어디냐고? 어디긴 복당이지

술꼬대까지 하는데

보수정치 기득권에 갇혀있는 국힘 두고 '쇄신은 공염불' 했던데
쇄신만 공염불인가, 공염불이면 헛소리란 뜻 아니던가
뿐인가? 지금도 잠꼬대·꿈꼬대로 부족해 술꼬대까지 하는데

정토가 따로 없을 듯

DMZ 나무들도 잎잎이 귀가 되어 확성기에 하던 경기
조용히 바람 불러 귀 씻으니 조용하다 못해 적요 차원
산공야정이라 했던가, 초소마다 절간 세우면 정토가 따로 없을 듯

※ 산공야정(山空夜靜) : 산은 비고 밤은 고요함.

따로가 아니듯

DMZ 정토 되면 꽃이란 꽃 다투어 피고, 새라는 새 울음 아닌
노래하고, 해도 달도 쉬어가는 쉼터 되면 극락세계가
따로 있겠는가, 극락과 에덴이 따로가 아니듯

2025년 6월 14일

무릎 꿇기도

힘 있는 놈들 싸움 붙여놓고 뒤에 훈수하고 영역 빼앗기 마련
전쟁일 때는 영향력 행사하고 무기 팔아먹고, 힘 있는 놈들
억울하면 힘 길러, 힘없으면 터지고 피 흘리고 무릎 꿇기도

악이거든

뿐인가, 약자 뒷받침해 주고 싸움 붙이기도, 영향력 행사하고
무기 팔아먹고 일거양득, 싸움 없으면 존재가치도 떨어져
미·이스라엘이 그러하고, 러·북이 그러하고 패권이란 게 악이거든

말고는

따지고 보면 힘이란 게 악이란 뜻, 허면 힘없어야 선? 웃기지 말더라고, 힘이란 게 선이 아니라 선을 지키기 위한 방편이지, 힘을 선으로 믿는 반편이들 말고는

에잇

트럼프 집권하면 러·우크라 전쟁, 이·하마스 전쟁
수일 내로 끝낸다고 뻥튀기 하더니 이스라엘 이란 침공, 뒤에서
부추기고 지원해 싸움 관리자 역할 하다니 에잇

것이어서

싸움 부추기는 트럼프나, 이·이 전쟁 중재하겠다는
푸틴이나 막상막하, 막상막하가 아닌 막후 좋아해서
막후란 게 떳떳하지 못하니 뒤에 숨어서 조정하는 것이어서

보이는 것

악이라 했던가, 어떻게 생겼냐고 물었던가? 물었으니
답할밖에, 보는 법 하나는 선을 볼 줄 알면 보이는 것
둘째는 트럼프나 푸틴, 네타냐후 보면 보이는 것

달라

뿔도 달렸냐? 뿔은 기본이고 머릿속엔 미사일, 핵도
들어 있어, 손에는 뚜껑 열 버튼 들려 있고, 칼도 들었냐?
그건 고전의 악마상이고 현대상은 달라

부끄러운 방관자여서 · 1

트럼프는 관세폭탄으로 세계경제 쥐락펴락하고
이스라엘·이란, 러·우크라는 미사일로 세계평화
쥐락펴락하고, 목하 세계는 전선지대, UN은 부끄러운 방관자여서

부끄러운 방관자여서 · 2

무슨 일이고 수수방관하는 것은 '수치스러운 일' 했던데
세계평화 · 번영 · 공동선을 표방한 UN이라는 종이호랑이
이스라엘 · 이란, 러 · 우크라 전쟁에도 부끄러운 방관자여서

거리가 멀어서

청문회 때마다 불거지느니 돈거래, 그것도 준 경우가 아닌 쓴 경우
그것도 한두푼이아닌 거금, 허긴거금 쓸줄알아야 거물될수도 내평생
남의 돈 빌어쓴 적 없으니 돈과는 먼 거리, 거물과도 거리가 멀어서

되어주다니

멀수록 좋은 것도 있지, 가까우면 지니지 못하는 그리움
'우리들이 쫓겨나지 않아도 되는 유일한 낙원은 그리움' 안 했던가
천만리 먼 곳에서 그리움이 낙원에서 영주권이 되어주다니

언제쯤 면할는지

국민경제 활성화 위해 '추경 서둘러야'가 입입마다 외침
국고 비었으니 빚으로 충당할밖에, 우선 살고 봐야 할 처지니
빚이라도 써야, 안 그래도 빚 천지 동추서대 언제쯤 면할는지

※ 동추서대(東推西貸) : 여러 곳에 빚을 짐.

포탄 소리여서

작은 빚은 탄환, 큰 빚은 포탄이라 했던데 투표라는
작은 빚으로 개인적 목적 달성했으니, 다음엔 큰 빚으로 공약 지켜
국가 재건해야, 헌데 재건의 해머 소리가 포탄 소리여서

■ 시집 평설을 대신해서_諷詩調에 대한 사계의 견해

三行詩의 안팎

문덕수(전 예술원 회원)

1.

박진환의 三行詩Ⅷ 『諷詩調』를 읽고 느낀 바가 많지만 다 말할 수는 없을 것 같다. '諷時調'라고 하지 않고 '諷詩調'라고 한 것은 '시조(時調)'와는 다른 장르임을 말하는 것이 분명하고, '풍조시(諷調詩)'가 아니라 '풍시조(諷詩調)'라고 한 것은 이와 유사한 다른 장르명의 어순을 따를 필요가 없음을 암시한 것 같다. 어쨌든 '풍시조(諷詩調)'는 다른 누구의 것도 아닌, 바로 박진환의 장르다. 그가 풍시조의 시조요, 창업자다.

'풍시조(諷詩調)'의 '풍(諷)'은 '풍자(諷刺, satire)'일까. '풍유(諷喩, allegory)'일까(諷諫, 기자(譏刺)라는 말도 있다). 풍(諷)은 '言+風(음)'으로 된 글자인데, 떨리는 소리로 낭독하는 것을 풍송(諷誦)이라고 하고, 바람이 나뭇가지나 이파리를 흔들듯이 사람의 마음을 움직이는 것을 '풍(諷)'이라고 한다. '풍자'는 후자에 해당한다. 그러나 이러니저러니 따질 필요는 없다. '시작품' 자체가 시론이기 때문이다. '풍시조'의 정체는 박진환의 작품에 있다고 하겠다.

> 달콤한 오수 깨며 띠리링 울리는 벨소리 속 목소리
> 기막힌 부동산 정보 전해 드리려고요
> 너나 기막히세요, 난 귀 열고 매미소리나 벗하리니
> ―「귀 열고」

IT매체들(휴대전화 등)을 통해 부동산 중개업자(복덕방)의 이러한 극성스러운 메시지는 시민들이 역겹도록 경험하고 있는 현실이다. 시도 때도 없는 각종 정보 발신에 시민들이 무방비 속에 시달리는 것은 정보공해라고 할 수 있다. 이 시는 요즘의 이러한 부동산 시장의 상황과 정보공해가 전제되어 있고, 이러한 상황을 어느 정도 공유하고 있는 독자에게만 공감이 절실할 것이다. 풍자건 유머건 간에, 독자의 다양한 지적 교양이 전제된다는 점에서 지성적 활동이라고 할 수 있다(박진환을 '주지시'의 계열의 중요시인으로 보는 것도 이 때문이다).

2.
왜 3행시일까. 20행, 30행의 장시나 산문시면 안 되는가. 초·중·종장과 같은 3행이지만, 시조의 율조와는 관계가 없다. 종장 '3·5·4·4'와 같은 율조도 지킬 필요가 없다. 음보와도 관계없다. 시조의 3행과 같다는 말도 사실상 난센스다. 그럼에도 3행시로 한 뭔가의 이유가 있지 않을까. 앞에 든 「귀열고」에서 여러 가지 장치를 전지(剪枝)하고 3단논법의 뼈대만 추려 본다.

> 남을 괴롭히는 전화는 받기 싫다(대전제)
> 요즘의 부동산 정보전화도 사람만 괴롭힌다(소전제)
> 그러므로 내게 그런 전화하지 말라(결론)

이와 같은 논리소('화소'라는 말이 있지만 '논리소'라고 해둔다)로 환원시켜 놓고 보면, 「귀열고」는 3단논법의 시상 전개임을 어느 정도는 이해할 수 있다. 상황 제시(대전제, 제1행), 권유나 권고(소전제, 제2행), 거절(결론, 제3행)로 된 3단형이나 구문면에서는 문답형이다. 3단 논법이란 2개 이상의 전제를 제시하고, 거기서 결론을 도출하는 추론형식이다. 2개든 3개든 2행으로 전제를 제시하거나 열거하고, 논리 진행의 반전, 좌절, 총합 등으로 결론을 도출하게 되면 '3단형'이 되지 않을 수 없다. 또 구문상의 '문답형'으로 본다고 하더라도 물음과 답이 각각 1행씩 합해서 2행이 되고, 물음과 대답을 성립하기 위한 전제적 상황 제시가 1행을 차지하면, 이 또한 3행 형식을 취하게 된다.

> 돈 많은 세상에 돈 없이 배고파하는 꼴이나
> 물난리에 물이 없어 목말라 하는 꼴이나
> 사람 중에 사람 없어 정치공황 부황든 꼴이나
> ─「꼴이나 꼴이나」

「꼴이나 꼴이나」도 3단형이긴 하나 논리의 극적 국면(반전, 좌절 등)이 약한, 즉 편평(扁平)한 3단형이다. 더 정확하게 말하면 전제만 3행으로 열거되고 결론이 없는(결론은 독자의 몫으로 남겼다.) 일종의 '나열형'이다. 틀(뼈대)을 추려보면 "풍족 속의 굶주림은 꼴불견이다(제1행), 홍수 속의 갈증은 꼴불견이다(제2행), 인재 귀한 정치 공황은 꼴불견이다(제3행)"의 3단형인데, 대전제·소전제·결론 형이 아니라 단지 전제의 3행 나열에 지나지 않고, 이러한 나열을 총합한 결론은 독자에게 맡겨져 있다. 구문상으로는 '꼴이냐'가 각행의 끝말로 반복(세 번 반복)되는데 귀납형의 방식이라고 할 수 있다. 대전제를 먼저 제시하는 3단 논법형과는 다르다고 하겠다. 3단형이라고 하더라도 여러 가지 성질의 형식이 있으므로, 여기서는 변죽만 건드려본 정도로 그치겠다.

3.
다음엔 실제 작품을 조금 음미해 본다. 「귀열고」는 「夏夜」와 더불어 박진환의 풍시조 중에서 가장 재미있는 작품인 것 같다. 전형적인 작품이라고 해도 괜찮다.

'기막히다'의 활용형(기막힌, 기막히세요)은 문답의 '고리' 역할을 한다. 부동산중개업자와 시적 주체도 연결시켜준다. 그런데, 대답 부분(제3행)의 '기막히세요'라는 '고리'에는 '기막히다(어떤 일이 하도 어이없거나 엄청나서 질릴 정도이다와 같은 부정적 성질의 의미와, 어떻다고 말할 수 없을 만큼 좋거나 정도가 높다와 같은 긍정적 성질의 의미가 공존한다)와 '귀(耳) 막히다' 등의 의미가 공재해 있고, '귀 막히다'는 뜻의 말은 짐짓 잘못 알아들은 것으로 되어 있다. 이 풍시조의 재미는 '기막히세요'라는 고리에 내재된 다채로운 뉘앙스의 삼중 겹침에 있는 것 같다. 여기에 "너나 기막히세요"라는 독백 형식의 대답에는 "너나 잘하세요"(영화 「친절한 금자씨」의 주인공이 한 말)도 연상되고, 더 지적으로 민감한 독자라면 "사또님 말씀이야 다 우습지"나 "사돈네 남의 말 한다"와 같은 속담도 연상하게 될 것이다. 또 2인칭 대명사 '너'와 높임말인 '기막히세요'는 존대법상 일치하지 않는다. 이러한 문법적 불일치도 미적·풍자적 효과에 한몫 더한다. 말하자면 독자의 지적 수준에 따라 그 웃음과 재미가 증감된다. 아마 이러한 시적 장치의 전부를 담아 뭉뚱그리기에 적합한 가장 간결한 형태가 3행시가 아닐까도 생각된다.

> F킬라를 뿌리듯 이발사가 내 머리에 스프레이를 분무한다
> 내 머리를 모기나 파리 대가리쯤으로 아는 모양이다
> 하긴 싹싹 손 비비고 남의 피나 핥았으니 그럴 법도 하지
> ─「이발소」에서

전제가 되는 부분의 열거를 1행, 2행에 배당하고, 그 전제를 근거로 제3행에서 결론을 도출한 3단형이다. "이발사가 내 머리에 스프레이를 뿌린다(제1행), 나를 모기나 파리로 간주하는 것 같다(제2행), 아첨하고 착취했으니 이발사의 행위는 당연하다(제3행)"는 것이 이 풍조시의 뼈대다. 추린 논리소다. 그러나 이 논리 속에는 의도적 곡해(曲解)와 사회를 향한 우회적 공격이 숨어 있다. 논리 속에 숨은 이 장치의 이해가,

이 풍시조 수용의 전제가 된다.

특히, "싹싹 손 비비고 남의 피나 핥았으니"에서, 1인칭(모기나 파리의 1인칭)인 '나'의 비하(卑下)를 통해서 파리나 모기와 다를 바 없는 자신이 바로 사회의 무고한 사람들에 대한 침입자나 가해자였음을 폭로한다. 자기가 바로 풍자의 칼날에 희생되어야 할 대상이며, 자신의 비하가 공격과 비판을 위한 칼날 갈기의 전제라는 아이러니를 본다. 일종의 도회(韜晦)의 비늘이라고 할까. 새디즘과 매저키즘은 동전의 양면이라는 심리분석도 이 경우에 해당될지?.

> 夏! 정말 덥다, 夜! 시원하다
> 夏夜보다 더 신나고 시원한 것 없을까
> 없긴 왜 없어, 下野란 말 있잖아
> —「夏夜」전문

「夏夜」는 문답형 중의 자문자답형이다. 독백형 자문자답이다. 두 개의 전제에서 의외의 결론을 끌어낸 3단 형태라고도 할 수 있다. 제1행의 대전제가 그다음의 소전제와 결론인 대답을 가능하게 해준다. 어쨌든 '夏夜'라는 편(pun)과 더불어 박진환식 풍자와 해학의 가장 돋보이는 전형적인 시다. '夏夜'에 내포된 골계미와 풍자성을 분석해 보자.

'하야'라는 시니피앙에는 1)계절로서의 夏夜, 2)'하! 야'라는 반응의 감탄사, 3)하야(下野)라는 시니피에가 겹쳐 있다. 반복하면 시니피앙의 한 덩어리 속의 세 시니피에가 꼬리를 물고

꼬여 메비우스의 띠처럼 회오리친다. 특히 '하야(夏夜:下野)'라는 말이 지닌 풍자성이 시 전체(1행, 2행, 3행)에 삼투되어 방사(放射)한다. 웃음 속에 감추어진 칼날을 보는 것 같아 섬찟하다.

4.
끝으로 풍시조 1편과 외국의 우화 1편을 비교해 볼까 한다. 대상은 둘 다 '중동(中東)'이다.

> 열사의 불 먹고 사는 탓에 제 버릇 못 버려 즐기는 불장난
> 　　　석유까지 불을 뿜어대니 연일 불바다지
> 얼음을 먹어야 식히는데 中東엔 仲冬이 없으니
> 　　　　　　—「仲冬이 없으니·1」

이것은 일종의 '펀'이다.「夏夜」에 비하면 펀의 구조도 퍽 단순한 편이다. 페르시아만(아라비아만)의 해변에 '개구리' 한 마리가 햇볕을 쬐고 있는데, '전갈(scorpion)'이 와서 바다 건너 저쪽 언덕까지 등에 태워 건너달라고 부탁한다('전갈은 몸속 독낭에 못 모양의 독침이 들어 있는 동물이다).

"싫어. 넌 전갈 아냐. 날 찔러 죽이려고"
"바보 같은 소리" 내가 찌르면 너도 죽지만 나도 익사하지 않는가. 잠시 생각한 끝에 개구리가 말한다.
"그렇군. 그럼 내 등에 올라타"

전갈을 등에 태운 개구리가 아라비아 바다를 건너기 시작한다. 바다 복판쯤에 왔을 때, 전갈은 갑자기 독침을 꺼내어 개구리를 찔러 버렸다.

"왜 이래?"

전갈이 대답했다. "여긴 중동(中東)이야."

유머지만, 이것은 '우화'의 형식을 취하고 있다(박진환도 '우화' 쪽으로 발전할지도 모른다). '개구리'는 아라비아만으로 관광 온 유럽인인지도 모른다. 그러나 이 조크에 등장하는 '전갈과 '개구리'의 본의(本義)가 각각 유럽과 중동 중에서 어느 쪽인가에 따라 작품 전체의 이야기가 달라지고, 공격의 대상도 반대가 된다. 그러면 박진환의 풍시조의 공격 대상은 누구인가. 중동만이라고 할 수 없다. 여기서 해학이건 풍자건 그 속에 감춘 예리한 '날의 현동화(現動化)가 실은 얼마나 어렵고 미묘한 것인가를 시사한다. 특히 「전갈과 개구리」의 경우, 그 균형(balance) 잡기의 어려움을 실감하게 된다.

나는 오늘의 한국시의 지형도를 그려본 적이 있다. 1)전통과 서정(전통적 서정시), 2)메시지와 관념(관념시, 생태시), 3)이미지와 물리성(언어 이미지시), 4)탈관념의 실험(탈관념시), 5)주지적 처리(주지시) 등이 그것이다. 한국시의 동서남북이라고도 할 수 있다. 우리 시단의 특색 있는 시의 중요한 작품들은 일단 이 지형도로 배열, 배치할 수 있다. 우리 시의 현황이다.

나는 박진환의 최근작(3행의 풍시조)을 주목하면서 '주지시'

의 장르로 보았다. 지금도 나는 이러한 자리매김을 후회하지 않는다. 김춘수는 박진환의 풍시조에 대하여 『하여지향(何如之鄕)』을 쓴 송욱의 '전철'을 밟고 있다고 했지만, 나는 송욱과 '같은 계열'이라고 보지, '전철'이라고는 생각하지 않는다. '풍자의 노끈'으로 송욱과 박진환을 칭칭 묶어 버리는 것도 가능하나, '풍자'가 있는 '주지(主知)의 토포스' 속에 자리한 박진환의 거처가 지닌 의미의 진폭을 이해할 필요가 있을 것 같다. 풍자, 해학, 편, 아이러니, 비꼼, 조롱 등은 '주지시'의 자원이긴 하나 이것만이 전부는 아니다. 이러한 주지시는 송욱, 김현승, 김광섭 등을 거쳐 김기림(金起林)의 장시 『기상도(氣象圖)』(1936)에 이른다는 사실을 이해한다면, 주지의 여러 가지 자원이 뭣인가를 짐작할 수 있다. 『기상도』가 지닌 주지적 풍부함의 목록을 일일이 확인할 필요가 없을까.

  이야기를 많이 에둘렀다. 다시 「仲冬이 없으니·1」과 「전갈과 개구리」 이야기가 지닌 한 가지 토픽도 주지(主知)가 지닌 여러 가지 목록 중의 하나다. 지성은 억제와 조절에 바탕을 둔 '균형'을 강조한다. 형이상적 존재의 인식, 그 인식이 지닌 초월성의 자기화(自己化)에 의한 시선의 확보, 그 중의 풍자적 시선이 공격 대상을 선정하는 일에 도리없이 참여하는 '균형'은 특히 중요하다. 저울대의 무게와 추가 형평을 이룰 때 '풍자'는 더욱 빛날 것이다.

■ 시집 평설을 대신해서 諷詩調에 대한 사계의 견해

知的調律에 의한 시 意味의 密度와 結晶度
― 『諷詩調』의 창간에 부쳐

성찬경(전 예술원 회원)

　문예지 『풍시조(諷詩調)』가 창간되었다. 때는 2008년 초여름이고, 앞으로 계간지로 계속 발간될 것이라는 예고다.
　문예지라고 했지만, 문예지치고는 매우 특수한 성격을 지니는 문예다. 우선에 소설은 배제된 시 전문지이지만, 넓은 범위의 시 일반을 싣는 것이 아니라 '풍시조(諷詩調)'란 새로운 시적 유형과 범주에 속하는 시만을 모아서 엮는 시지이니, 이를테면 시단 안에서도 특수 전문지의 성격을 갖는다. 흔히 취미 오락 등을 다룬 잡지에 낚시니 등산이니 바둑 등을 전문으로 다루는 잡지를 보게 되는데, 『諷詩調』는 시 안에서도 독특한 장르만을 대상으로 하는 일종의 전문 시지(詩誌)인 셈이며, 우리나라 시사(詩史)와 시단의 현황이 어언 여기에까지 이르렀는가 하는 감회를 갖게 된다.
　여기에서 좀 더 차분히 『諷詩調』의 출현을 지금까지 키워온 그 뿌리와 수맥을 살펴볼 필요가 있다. 말할 것도 없이 이

『諷詩調』의 근본이 되는 자양적 모태는 박진환 시인이 약 30년에 걸쳐서 전개해온 넓은 의미에서의 지성시(知性詩) 운동이다. 박진환 시인은 이러한 지성시의 구체적인 전개방법으로서 '형이상학시'의 기치(旗幟) 아래, 이른바 변용의 시를 추구해온 것은 세상이 다 아는 바다.

변용의 시도 실은 그 개념의 범주가 좁다 할 수는 없다. 더 구체적으로 말하면 시에서의 위트, 컨시트, 또는 펀과 같은 기법을 활용하여 시의 정서적 구조를 지적 구조로 바꾸고, 그럼으로써 시를 의미의 밀도에서 좀 더 경질(硬質)의 것이 되게 하려는 시적 추구를 말한다. 그리고 이것은 그 시적 추구에서 17세기 영국의 '형이상학파' 시인들의 추구와 그 맥이 통한다는 사실도 우리가 알고 있는 바와 같다.

여기에서 박진환 시인의 이러한 시적 추구가 우리 시의 현실적 상황과 어떠한 관계에 있는가 하는 점을 살필 필요가 있다. 현재의 우리 시는 한 마디로 지성이라는 영양소의 결핍 증세가 심한데, 또한 그것을 자각하고 있지도 못하다는 것이 나의 솔직한 판단이다.

시에서 지성이 하는 구실은 일종의 조화 감각이라 할 수 있다. 시가 너무 한쪽에 치우치는 것을 막아주는 감시의 역할을 하는 것이 바로 지성이다. 그래서 시에서 지적 요소가 부족하면 시가 한쪽으로 치우치는 것을 막지 못한다. 시에서 눈물이 너무 많아진다거나, 지나치게 격정에 사로잡힌다거나 정서의 내용이 너무 가냘퍼진다거나, 또는 지나치게 괴기해진다거나 하는 현상이 모두 지성적 작용의 결핍에서 오는 증후라 할 수 있다.

　문예지 『조선문학』을 중심으로 하는 한 무리의 문인들이 문학에서 지성적 구실을 강조하고, 줄기차게 우리 문단에서의 이러한 허점을 보완하고자 한 문학적 공헌에 대한 평가에서 우리는 몰인식과 소극성을 벗어나지 못하고 있는 것이 아닌가 하는 것이 역시 나의 생각이다.

　이번에 발간된 『諷詩調』는 박진환 시인이 벌여온 시운동의 더욱 정제된 결정과도 같은 것이며, 이것을 일종의 '문학적 발명'이라 해야 마땅할 것이라는 생각이 든다.

　어느 시대에 있어서나 문학의 새로운 양식은 그것이 하나의 새로운 발명임을 의미한다. 그리고 진정한 의미에서의 '발명'이라면, 얼핏 보아 아무리 하찮게 보이는 것일지라도, 거기에는 발명자의 많은 시간과 피땀과 노고가 스며있음을 잊어서는 안 된다. 시에 있어서도 마찬가지다. 시의 새로운 체질과 양식과 장르의 발명이 실은 시인들의 끊임없이 노력하고 추구하는 목표이기도 한 것이다.

　'諷詩調'의 출현 역시 결코 하루아침에 이루어진 우발적인 출현이 아님은 말할 것도 없다. 지금까지 박진환 시인이 시도해온 많은 '3행시'와 '諷詩調'가 그 싹이 되어 피어왔음은 물론이다.

　『풍시조(諷詩調)』가 갖는 새로운 체질적 특색을 간단히 살펴보겠다. '諷詩調'가 우리 고유의 전통적 시가의 형식인 '시조(時調)'와 체질적 연관성이 있음은 물론이다. 諷詩調의 구성이 3행으로 돼 있는 점이 초중종 3장으로 돼 있는 시조와 일치한다는 것에서도 이 일을 알 수 있다. 원래 시조의 초중종 3장도 시조보다 더 뿌리 깊다 할 수 있는 동양 고유의 한시(漢詩)의 기승전결에서 나온 것임을 우리는 짐작할 수 있다. 4행 1연을 기본 단위로 하는 기승전결은 사실 동서고금의 모든 시적 감흥의 기본 틀이기도 하다. 다만 시조의 경우 종장에 해당하는 3장에서는 '전(轉)'과 '결(決)'이 한 행에 압축됨으로써 4행의 경우보다도 더욱 극적 효과와 시의 긴장감을 높여주고 있다.

  이와 같이 諷詩調는 시조와 일맥상통하면서도 예술적 감흥을 겨냥하는 데에서는 시조(時調)와 사뭇 다르다. 곧 시조의 시의 뜻을 한자의 때시 '時'에서 글시 '詩'로 바꿔놓은 데서 그 겨냥하는 바를 짐작할 수 있다. 시조(時調)가 그 주제를 시대적 풍습에 맞추려는데 두고 있다면, 諷詩調에서는 시류(時流)를 넘어서는 작품으로서의 시적(詩的) 가치를 높이려는 의도가 숨어 있으며, 이런 점에서 '諷詩調는 이른바 순수시(純粹詩)와도 그 방향을 같이 하게 된다.

  '시조(詩調)', 곧 시의 흐름에 또 '풍(諷)' 자가 결합되어 있으니, 이것은 또 어떤 의도를 품고 있는 것일까. 여기에서 '풍(諷)'자는 박진환 시인이 시지의 '창간사'에서도 밝히고 있는 바와 같이 시에 넓은 의미의 풍자성(諷刺性)을 담으려는 의도와 다를 바가 없으니, 이 풍(諷)의 개념에는 시에서 전개할 수 있는 지적 작업 일반의 여러 항목이 두루 포함돼 있으며, 위트, 아이러니, 새타이어, 시니시즘(비꼬임) 등 표현상의 역설적 기법이 종횡으로 등장하게 된다.

그리고 이러한 풍자는 그것이 일종의 지적 응징의 구실을 하게 되는 것이며 이와 같은 응징의 숨은 의도는 바른 사회, 꼴불견인 시류적인 속물(俗物)들이 사라지는 사회, 양식이 통하는 밝은 사회의 출현을 바라보는 것이니, 깊은 뜻에서는 이 풍자의 정신이 곧 인도주의적 염원과도 일치한다는 점을 간과해서는 안 될 것이다.

'諷詩調의 보기로서, 박진환 시인이 전, 현직 대통령을 소재로 풍자한 시를 보려 한다.

> 노랗게 노랗게 노자로 시작해서
> 나리나리 개나리 리자로 끝나면 무슨 나리게
> 개나리, 노노노 무식하긴 노나리지
> ─「개나리」

> 이명박 대통령 임기 끝나 퇴임하는 날이 2012년 12월 26일
> 이날에 맞춰 돌아가는 시계가 이명박 시계란다
> 시작이 엊그젠데 퇴임 날 꼽아가며 돌아가는 시계가 있다니
> ─「이명박 퇴임시계」

펀과 시니시즘과 새타이어가 2중 3중으로 얽히고 꼬인, 고도로 지적인 시적 작업임을 알 수 있다. 이보다 더 따끔한 응징적 일침이 또 있겠나.

계간지 『諷詩調』는 이제 막 창간되었기 때문도 있겠지만, 아직 동인지의 성격을 완전히 벗지 못한 느낌도 없지 않아

있다. 앞으로 이런 점도 차츰 보완이 되리라 믿어지며, 이 시지가 잘 성장하여 응분의 구실을 하게 될 것을 나는 축원의 시선으로 바라본다. 그렇다 하더라도 일관성 있는 '지성시'에의 헌신과 노고가 정당한 평가를 받게 되는 날이 우리 시사(詩史)에서 언제 찾아올 것인가.

■ 시집 평설을 대신해서_諷詩調에 대한 사계의 견해

諷詩調의 깃발과 風向
– 새로운 시 운동에 대하여

김용직(전 학술원 회원)

 극히 최근에 그 모습을 드러낸 諷詩調 운동에는 두 가지 정도의 전략이 내장되어 있는 듯 보인다. 그 하나가 독특한 형태양식 해석이며 다른 하나가 현실 상황을 향한 예각적 공격의식이다. 명백히 현대 서정시의 서부(西部)를 개척하려는 의욕으로 시도된 이 시운동은 그러나 그 형식을 3장 6구를 원형으로 한 단형시 제작을 바탕으로 하고 있다. 3장 6구의 단형시라면 우리 머리에는 곧 한국 전통시가 양식인 시조가 떠오른다. 시조는 국민문학파에 의한 개혁운동 이후 새로운 토대를 마련하게 되었다. 이때부터 시조는 고전시가의 인습적인 면을 벗어나 새 시대의 양식이 된 것이다. 諷詩調는 시조의 이런 틀을 이용하려는 듯 보인다.
 諷詩調는 그 의식성향으로 보아 상당히 공격적이며 호전적이기까지 하다. 그 도마 위에는 정치, 경제, 사회, 문화의 문제만이 아니라 개인의 윤리, 도덕적인 사건까지가 가차 없이 올라 난도질당한다. 그런데 많은 경우 諷詩調의 비판, 공격은 예술적 의장을 거치지 않은 가운데 이루어진다. 諷詩調에서 풍(諷)은 수사론에서 풍자를 뜻할 것이며 고전문학의 감각을 곁들이게 되면 풍간(諷諫)과 같은 맥락에서 해석될 말이다. 풍자와 풍간에 역겨운 현실, 아니꼬운 대상을 꼬집고 공격하는 단면이 내포되어 있는 것은 사실이다. 그러나 그런 경우의 비판, 공격은 진술의 형태로 이루어지는 것이 아니라 비유의 형태를 취하는 것이 바람직하다.

  풍자문학에서 직접적 언술(言述)이 아니라 간접적인 기법이 이용되는 까닭은 단순하다. 많은 경우 시인이 아니꼽게 생각하는 대상은 한 시대와 사회에서 강한 힘을 가진 개인이거나 집단과 그 부수 형태인 제도나 규범들이다. 그들을 진술의 차원에서 공격하는 경우 작품들은 즉각 압수, 폐기되고 그 제작들은 연행, 구속될 위험에 노출된다. 시와 예술이 노려야 할 것은 이런 자살 특공대식 자기표출이 아니다. 이런 감각이 생산해 낸 전략의 결과가 풍자로 해석되어야 하는 것이다.

  諷詩調가 3장 형식을 취한 것에 대해서도 이와 거의 같은 이야기가 가능하다. 諷詩調가 3행시의 형태를 이용한 것은 3행시가 한국 전통 시가를 대표하는 것으로 판단된 결과일 것이다. 새로운 시가운동이 국민문학의 자리에 오른 양식의 특성을 이용하는 것은 슬기로운 일이다. 그러나 이 경우에도 우리는 창작활동에서 기본교의 하나를 기억하고 있어야 한다. 모든 창작활동에서 형태는 묵수될 것이 아니라 새롭게 해석, 개척되어 나가야 한다. 국민문학파의 전례가 가리키는 바와 같이 3장 6구의 시조가 갖는 큰 틀은 긍정적으로 계승될 수 있다. 그러나 그 틀 속에 새로운 시로서의 호흡과 맥박은 끊임없이 재창조되어야 한다.

 우리는 모처럼 시도되는 諷詩調 운동이 한국 현대시의 높은 산맥이 되고 푸른 강줄기를 이루어나가기를 희망한다. 이런 소망이 다소간 비판적인 생각을 토로하게 된 셈이다.

■ 시집 평설을 대신해서_諷詩調에 대한 사계의 견해

박진환의 3행 '諷詩調'에 대하여

최원규(충남대 명예교수)

　최근 지속적으로 왕성하게 발표해온 박진환의 삼행시초 '諷詩調'야말로 괄목할만한 한국적 단형시다. 더구나 시대적 상황이 사회적으로 굵직한 이슈를 던져주었던 전변의 정치적 관심이 우리 모두를 끌어들이는 시기와 맞물렸기 때문이기도 하다. 이미 정권 교체에 따른 권력의 갈등에서 겪은 일이지만 대선과정에서 마지막까지 문제가 되었던 BBK 사건, FTA, 숭례문 복원, 대운하 찬반, 광우병 등으로 인한 촛불 시위 범람이 쓰나미처럼 휩쓸고 지나갔으며 아직도 그 여진이 계속되고 있다.

　이렇게 불안한 계절에 시인은 이들의 갈등과 부조리를 외면하고 추상적인 언어를 기반으로 하는 사회적 연대감에서 벗어나 강 건너 불구경만이 순수의 미덕인가. 마땅히 지식인으로 가치판단이나 문화적 선익에 동참, 선도의 언어가 필요해진 것이 너무 당연하다. 하물며 시는 시인끼리 담을 쌓고 그 속에 안주해 있는 모습에서 벗어나 시민과 동참 동행하는 시민의식이 필요하다.

이미 우리 시의 역사 속에서도 한용운, 이육사, 윤동주 그들의 평가에서 볼 수 있듯이 그들의 시에서 우리의 의지와 나라를 걱정하는 애국시가 용솟음치기도 하였다. 그런 점에서 이 시대 박진환의 諷詩謂야말로 우리 시단의 중요한 뇌관을 건드린 사건이라고 판단된다.

諷詩謂는 삼행이라는 점에서 시조와 같으나 구조나 형태적 특질이 시조의 틀을 벗어났을 뿐만 아니라 어귀나 비유법의 방법을 시조와 달리한다. 한편 화제가 되고 있는 시대적 상황을 직접적인 논의와 평가를 요구하며, 아이러니, 패러독스, 유머로 수용한다. 요컨대 박진환의 '諷詩謂'는 업투데이트한 시대적 사회시를 전제한다. 그러므로 그의 '諷詩謂'는 작중 인물들의 선행이나 악행의 전제를 제시하며 마지막 행에 이르러서는 개선이나 선과 악의 가치판단의 동참을 요구한다.

박진환의 '諷詩謂'는 악과 사의 교정을 위한 화해적 개선이라는 점에서 꼬집고, 비꼬고, 깎아내리고, 비아냥하고 비판, 고발, 폭로를 시의 바탕으로 삼되 마지막 의도는 '순수한 통장'을 감행함으로써 풍자시보다는 한 차원 높은 시적 장치를 갖추고 있다는 점에 주목한다.

박진환은 엄격하거나 거창한 테마를 희극적으로 처리하거나 재미와 멸시, 분노와 냉소의 태도를 환기시킴으로써 그것을 약화시키는 기법을 사용한다. '웃음을 무기로 사용하고 작품의 외부에 존재하는 과녁을 겨냥한다. 그 과녁은 개인적인 일일 수 있고, 어떤 계층이나 제도나 국가나 인류 전체에게까지 할 수 있다'라고 전제한다.

요컨대 화자가 단정하는 외견상 주장과 속으로 의도하고 있는 의미가 서로 다른 진술을 할 때 그 진술은 태도나 평가를 명백히 표현하지만 그것과 매우 다른 태도나 평가를 함축하고 있는 것을 포함하는 것이 아이러니의 기술이라고 보았을 때 박진환의 '순수한 통징'을 암시한다. 발음이 같고 흡사하지만 의미는 전혀 다른 같은 소리에 다른 의미를 갖는 말들은 때로 읽는 이에게 가치판단의 격정적인 한편으로 기울게 하기보다 그것을 유보하며 역지사지(易地思之)의 공평성을 유발시키고 화해성을 유도한다.

박진환은 시적인 재담(equivoque)도 있고 때로 언어유희(pun)도 있지만, 그것들은 읽는 이로 하여금 간담이 서늘해지는 경지까지 유발한다. 때로는 '삶 속의 죽음'이나 '쾌락의 고통', '사랑의 증오'들처럼 메타피지컬포에트(Metaphysical poets)들이 사용한 흔적에 영향되었다고 할 수 있으나 박진환의 경우 경고성의 환기에 더 치중함을 볼 수 있다.

마침내 풍(諷), 시(詩), 조(調) 각개의 문자 의미의 내부를 탐색할 때 모두 언(言) 말씀이 들어있다. 말씀[言]은 글[文]과 구별된다. 글은 논리와 절제를 요구하지만 말[言]은 흘러가는 물과 같이 지형이나 지세에 따라 형태가 변하며 응집한다. 그러므로 흐름의 방향은 같지만 물줄기는 즉흥적이며 당대의 상황에 따라 전변한다.

말씀[言]은 바람[風]과 절[寺]과 두루할 주(周)를 더하여 동서남북, 종횡무진, 당대를 섭렵한다. 그리하여 박진환의 '諷詩調는 마침내 세상사의 이야깃거리의 중심부에서 주제할 수 있는 정세의 총화와 전환을 암시한다.

　박진환의 諷詩調가 꼭 3행이어야 하는가의 문제에 대하여 신중히 생각해야 한다. 다만 어느 민족이고 그 민족의 정서적 흡인력에 의하여 자연 발생적으로 생겨난 정형적 틀이 있어 왔다. 가령 당시(唐詩)의 4언 또는 7언 절시나 영시의 4행시(quatrain), 이행연귀(couplet), 14행시(sonnet) 모두 각운 구조로 결합된 강약음보격의 시행으로 되어 단일시귀(stanja)의 서정시인데 우리의 고유 문학형태의 시형(시조)들이 3장 6귀의 원칙을 고수한 것은 민족적인 고유성과 기풍(Ethos)에 의한 것이라고 믿는다. 다만 박진환의 경우 꼭 우리의 시조를 의식한 3행시는 아니지만(사실 시조와는 그 정형시로 의미구조의 잣대에 맞지 않음) 정형시로서 규율에 맞는 것이 아닌 자유시로서의 의미를 더욱 확대한다.

　외형상 3행시로 처리한 것은 압축과 긴장미의 효과를 살리며 음수율에서 체험할 수 없는 탄력을 보여준다.

　그리하여 3행시는 우리에게 낯익고 우리 말의 생태적 관습의 순리에 수용된다. 또한 시의 자연스런 형태의 공감이 일반화되었기에 박진환 삼행시가 우리 시단의 충격파를 더해 간다고 생각된다. 그의 3행 諷詩調의 창출은 우리 시문학사의 새로운 원형을 배가시킨 원동력이 될 것이며, 한편 시적 표현 미학에서 잡다한 외래적 수용의 난맥상을 제압하는 데 주요한 길잡이가 될 것이다.

박진환의 3행 '諷詩調'는 시조(時調)와 동자이의어(同字異義語)로 우리에게 새로운 정형성의 모델을 제시한다. 그러므로 우리 현대시가 지닌 무모한 율격이나 시적 주제의 미숙성 또는 혼미성을 극복하는 데 따른 주제시로서 확실한 언덕이 형성된 셈이다.

■ 시집 평설을 대신해서 諷詩調에 대한 사계의 견해

풍시조 읽기

문효치(전 문협 이사장)

  박진환 시인의 諷詩調를 읽었다 풍시조(諷詩調)라는 낯선 이름에 대하여 저자는 풍자시를 줄여 풍시라 하고 거기에 무슨무슨 투나 태도의 뜻으로 조(調)를 붙였노라고 설명하고 있다. 그러니 諷詩調의 본질은 풍자시일 듯하다.
  우선 재미있다. 식상한 이미지들의 나열이나 아니면 거의 산문화 되어버린 요즘의 시들에 입맛을 잃었는데 이 諷詩調는 매우 신선한 재미를 느끼게 해 준다.
  세상은 부조리와 불합리와 부정 불의 등으로 가득 차 있다. 이러한 세태가 우리를 짜증나게 하고 화나게도 한다. 살맛을 잃게 한다. 정말 살맛을 잃게 하는 재미없는 제재를 박진환 시인은 재미있는 시로 만들고 있다.

  핵, 우리도 그깐거있어 펑펑터지는 국제특허품 不字標 핵 있어
    불평등·불공평·부조리·부정부패·부동산 투기까지

> 건들면 폭발하는 순 국산 不字標 핵 있다고, 까불고 있어
> ―「까불고 있어」 전문

  불평등 불공평 부조리 부정부패 부동산 투기 등 우리사회에 만연한 부정적 요소들, 이것들은 가히 우리 사회를 파괴시킬 만한 위력을 가지고 있다. 정말 심각한 문제다. 이런 사항들을 '不字標핵'으로 둘러댄 그 재치가 재미있다. 그래서 이 시를 보면 일단 웃음이 난다, 진짜 핵을 '그깐거'라고 대수롭지 않은 존재로 봄으로써 '不字標 핵의 위험성을 한껏 고조시켜 놓았다. 내용은 매우 심각한 문제성을 가지고 있지만 표현된 말들은 우리를 재미있게 해 준다.
 '까불고 있어'라는 끝절은 상대방(진짜 핵을 가진 자)에게 눈을 흘기며 짐짓 어깨를 으쓱거리는 모습을 떠올리게 해 준다. 다소 장난기가 보이는 모습을 연상하면서 시인의 재치를 다시 한번 실감케 해 준다.
 이러한 부조리 불합리한 사태를 능란한 솜씨로 비꼬고 농락함으로써 독자들은 후련한 카타르시스를 느낀다. 내가 미처 하지 못한 앙갚음을 대신 갚아 주는 것 같기도 하고 어쩌면 내 심정을 잘 알아주는 것 같기도 하다.
 이 책은 멸시 분노 증오의 정서를, 비꼼 냉소 조소 조롱 역설 등의 언사로 가득 채워 놓았다. 그러나 궁극으로는 교정·교훈의 의지가 숨겨져 있다.

> 뭐라구라우, 사람 낳고 돈 낳제 돈 낳고 사람 낳다구라우

> 허허 이 양반 순 구식이네
> 신식으론 돈 낳고 사람 낳제, 사람 낳고 돈 낳고가 아니여
> ─「뭐라구라우」 전문

 돈 낳고 사람 낳은 것은 불변의 진리이다. 그러나 신식으로는 돈 낳고 사람 낳았다고 큰소리친다. 그러나 이것은 역설이다. 화자가 진짜로 하고 싶은 말은 이른바 구식인 '사람 낳고 돈 낳다'는 말이다. 이것이 뒤집힌 세상, 전도된 가치에 대해서 일갈하고 꼬집은 것이다. 그리고 그에 대한 반성과 교정을 꿈꾸고 있는 것이다.
 삼행으로 압축한 단아한 모습의 시형에도 주목하고 싶다. 말 그대로 촌철살인의 짤막한 말이 감동을 준다. 요즈음 장황한 수다를 늘어놓는 시들이 범람하면서 이렇게 간결한 시들이 그리워진다.

> 나라님 물러나면 낙향하여 통나무집 짓고 시나 쓰며 살겠단 말
> 아무래도 허사같다. 시는 말을 아끼고 줄이는 언어경영인 것을
>   저리 말이 헤퍼서야 어찌 말의 진수에 닿을 수 있을지
> ─「아무래도 허사 같다」 전문

 듣기 좋은 수다로 대중들을 현혹하며 실천보다는 말을 앞세우는 정치인을 비꼬며 질타하고 있지만 한 편 짤막한 시론을 엿볼 수 있는 시다. 그렇다. 시는 '말을 아끼고 줄이는 언어경영'인 것이어서 '말이 헤퍼서'는 안 될 일이다.

삼행은 우리의 눈에 익숙하다. 어려서부터 시조를 읽고 배워왔기 때문이다. 물론 시조의 형식에 맞춰 음수율을 조절한 것은 아니지만 그 속에 기승전결의 구조를 가진 것들이 많은 것도 이해하기 쉬운 대목이다.

  지금이 바로 이러한 시들이 필요한 시대인 것 같다. 잡지마다 넘쳐나고 있는 산문조 요설이 시성(詩性)을 잠식하고 있고, 그리고 비꼬고 조롱하고 비난하고 질타해야 될 일들이 많은 세상일수록 그러한 세태를 지적하고 경계하며 교정해야 하기 때문이다. 시가 궁극적으로는 인간을 위하고 옹호하는 것이라면 시가 이러한 일에도 적극 관심을 가져야 할 것으로 생각한다.

■ 시집 평설을 대신해서 諷詩調에 대한 사계의 견해

諷詩調에 나타난 형이상시의 수사법

최규철(시인・문학평론가)

들어가는 말

어느 사회학자는 '농경사회의 삶이 시간 잉여(時間剩餘)의 시대였다면 오늘날과 같은 정보화 사회는 시간 기근(饑饉)의 시대라'했다. 그것은 그 정도로 오늘의 시대가 시간에 쫓기며 살아가는 고속화 시대를 맞이하고 있다는 것이다. 따라서 이러한 고속화 사회에 사는 현대인들의 문학작품에 대한 선호도 역시 장편소설보다는 단편소설을, 장시보다는 단시를 더 선호하는 경향이 있다. 특히 시에 있어서 현대인들의 구미에 맞는 시는 짧으면서도 그 속에 다분한 내용을 함축함으로써 큰 감동을 주는 시라 하겠다. 이런 시대적 요구에 부응하는 시가 바로 박진환 시인이 착안하고 시운동을 전개하고 있는 諷詩調이다.

諷詩調의 기법은 형이상시의 레토릭(rhetoric)과 흡사한 면이 많다. 컨시트의 기발한 지적 놀라움, 서로 상반된 양극화의 결합과 그 조화, 역설과 반어(反語), 시의 순수한 통징을 통한 내적 울분의 해소와 사회 구조악(構造惡)의 개선 등이 바로 그것이다.

특히 3행시의 짧은 글 속에 함축된 내용과 그 여운을 담기 위해서는 압축적이고 생략적인 구문이 필요하다. 따라서 각 행의 전환 및 반전이 빠르게 전개되는 특색이 있다. 이것은 양극화의 긴장이 팽팽할수록 행과 행의 전환속도가 빠르고 생략과 압축의 미학이 더욱 살아난다.

필자는 그동안 지면을 통해서 3. 4회에 걸쳐 언급해온 諷詩調 시학에 대한 이론을 총괄하고 종합하여 주로 諷詩調의 형이상시적 유사성과 레토릭(rhetoric) 기법의 측면에서 접근해 보고자 한다.

1. 諷詩調의 순수한 통징

諷詩調는 일종의 풍자시의 성격을 띤 시라 하겠다. 풍자시의 사전적인 정의는 부정부패와 비리 현상과 모순 등을 다른 사물에 비유하여 폭로와 공격 일변도의 시를 말한다. 즉 풍자시라고 하는 한자가 풍자할 풍(諷) 찌를 자(刺)로 명시한 바와 같이 모든 죄악상을 어떤 사물로 빗대어 찔러 고통을 가하게 하는 일종의 보복성을 뜻하는 성격을 내포하고 있는 시가 대부분이다. 그러나 諷詩調에서 말하는 순수한 통징의 주된 목적은 諷詩調를 통해서 죄의 아픔을 느끼게 할 뿐만 아니라,

뉘우치고 돌이켜 새롭게 변화하게 하는 데 주력하는 시의 기능을 말한다. 다시 말하자면 죄의 부패성에 대해서 단순히 찌르고 고통을 가하게 하는 데 그치는 것이 아니라 메스를 가하고 수술을 함으로써 병을 낫게 하는 데 그 목적이 있음을 말한다.

그러나 여기서 주의 깊게 보아야 할 것은 수술을 가하되 고통을 없애게 하기 위해 마취제를 동시에 투여하는 방법을 취하고 있다는 사실이다. 즉 유머를 통해서 웃음을 주고 즐거움을 줌으로써 그 고언을 달게 받아들이고 소화시킬 수 있는 기능을 지녔다는 것이다. 諷詩調의 통징이야말로 우리의 뇌에서 일종의 모르핀이나 엔도르핀과 같은 호르몬을 분비하게 함으로써 무통수술을 하게 하고 오히려 미묘한 시적 희열을 주게 하는 절묘한 수술비법을 의미하고 있다. 諷詩調의 작가들은 이런 諷詩調의 순수한 통징의 특성을 숙지하고 이러한 순수한 통징의 기능을 살리는 데 노력해야 할 것이다. 諷詩調에서 이러한 순수한 통징이 살아있지 못한다면 그것은 諷詩調로서의 시적 역할을 다한 시라 볼 수가 없다. 諷詩調의 생명이 바로 여기에 있다 할 수 있기 때문이다.

참으로 諷詩調의 순수한 통징이야말로 오늘과 같은 종말론적인 징조를 토로하고 인류의 구원을 갈구하게 하는 시대적 사명의 성격을 띤 시라 하겠다. 현대사회는 갈수록 첨예한 양극화 조성으로 인한 양자구도의 대립상이 심화되고 있다. 오늘날 정치 경제 사회 문화 전반에 걸친 인류사회의 갈등과 분쟁이 바로 이런 극단적인 양극화 현상에서 오는 결과라 하겠다. 그렇다면 현대시가 어느 때까지 이를 외면하고 오히려 음풍농월(吟風弄月)만을 일삼아야 하겠는가. 시가 인생문제로 깊이 들어가서 이런 양극화 문제를 해소하고 하나로 융합하는 화해와 일치의 시학으로 발전해가야 할 것이 아닌가. 그러한 의미에서 諷詩調 운동의 필연성이 강조된다.

더욱이 환경오염으로 인한 생태계의 훼손과 대기오염으로 인한 오존층의 파괴, 그리고 지구 온난화에서 발생하는 엘니뇨현상 등으로 인류의 생존 문제에 심각한 적신호가 켜있다. 이런 각박한 상황에서 탈출하기 위한 녹색시학 운동의 전면에 諷詩調가 자리하고 있음을 알 수 있다.

시인은 예언자적인 예리한 눈을 자지고 미래사회의 변화를 직시하면서 오늘의 잘못된 과오를 지적 감동을 통해서 깨닫게 하는 순수한 통징에 무한한 관심을 쏟아야 한다.

>   세상이 왜 이러나 유행병처럼 자살·자살·자살
>   마음 한 번 고쳐먹으면 살자·살자·살자가 되는데
>   뭐 그리 좋은 거라고 일편단심 자살이람
>   — 박진환의 「뭐 그리 좋은 거라고」

한국인의 자살률이 OECD 30개 회원국 가운데 1위를 기록하는 불명예를 안고 있다. 연예계의 인기 스타들과 대기업의 총수들이 잇따라 자살을 하고 심지어 전직 대통령까지도 스스로 목숨을 끊음으로써 사회적 충격이 크다.

박진환 시인의 諷詩調「뭐 그리 좋은 거라고」는 1행의 자살·자살·자살이라고 하는 부정적인 죽음의 개념과, 2행의 '살자·살자·살자'라고 하는 긍정적인 생명의 개념을 양극구도로 서로 거꾸로 뒤집어 대치해 놓음으로써 기발한 위트와 유머를 돋보이게 한다. 이러한 諷詩調의 기능이야말로 격한 자살충동을 완화시켜 줄 뿐 아니라 생에 대한 강력한 의욕까지도 유발하게 하는 시적 감동을 가능케 한다. 여기서 諷詩調의 풍자 속에 담고 있는 간절한 회심에의 바람이 '마음 한번 고쳐먹으면'이란 말로 표현되고 있다. 이것이 바로 諷詩調가 지닌 순수한 통징의 힘이다.

> 피를 빨아 먹는 모기 잡는데 의견이 분분하다
> 정치가 어떻고 법이 어떻고 대통령이 어떻고
> 입으로 모기 잡나? F킬라를 뿌려야지
>   — 박진환의「입으로 모기 잡나」

이 시는 그 제목부터가 웃음을 터트리게 하는 유머가 있어 마음을 끈다. 이 시 속에 감추어 있는 암시성과 시사성(示唆性)이 모기와 F킬라라고 하는 기발한 메타포를 통해서 큰 감동을 준다. 정계와 법조계의 부패상을 바로잡는, 즉 '피를 빨아 먹는 모기를 잡는데'에는 입으로 하는 설왕설래(說往說來)로써는 근절될 수 없다는 것이다. 특히 수사법 중에서 변화법의 하나인 '입으로 모기잡나?'라고 하는 설의법으로써 F킬라라고 하는 정답을 독자에게 물어 찾아내게 하는 레토릭으로써 스스로 개혁의지를 촉발하게 하는 순수한 통징이 돋보인다. 찌르고 자르고 쪼개는 메스질이 가해짐에도 불구하고 뇌에서 분비되는 모르핀을 통해서 즐거운 마음으로 웃고 수긍이 가능케 하는 회심과 변혁의 비법이 있다.

2. 諷詩調가 갖는 컨시트의 특색

형이상시의 컨시트(奇想, conceit)는 형이상시의 특징 중에서 가장 중요한 특징의 하나라 할 수 있다. 외견상 전혀 유사성이 없거나 상반되고 양극화된 사물이나 상황들을 재치 있고 기발한 방법으로 결합하여 소위 사무엘 존슨(Samuel Johnson)이 언급한 '부조화의 조화'를 이루게 하는 비유적인 수사법을 말한다.

그러나 諷詩調에서 보여주는 컨시트의 특색은 형이상시에서 말하는 그것과는 사뭇 다른 양태의 컨시트를 볼 수 있다. 3행시 구문의 생략적인 특성 때문에 행과 행, 낱말과 낱말, 심지어는 문자와 문자로부터 서로 상반된 사물이나 개념의 명칭과 발음 등을 찾아내고 거기서 특별한 의미성을 유추하여 또 다른 의미를 창출해내는 언어유희적인 기발한 컨시트를 선보이고 있다. 이런 관점에서 볼 때 諷詩調의 컨시트는 단순히 두 가지 사물이나 개념을 교묘하게 결합하여 뜻밖의 유사성을 찾는 기존의 형이상시의 컨시트와는 다른 특성을 지니고 있다고 하겠다.

> 대통령 국정평가 잘했다가 44.2% , 못했다가 41.1%
> 막상막하, 정치란 게 그래
> 上 뒤집으면 下 되고, 下 뒤집으면 上 되거든
> ― 박진환의 「物神時代・216」

 국민이면 누구나 알게 모르게 다 정치에 젖어 살면서 나름대로의 정치철학, 내지 생활철학을 가지고 있다. 그래서 3행에서 '정치란게 그래'라 토로한다. 이런 지적 깨달음을 풍자적으로 소화시켜 표현하기란 그리 쉬운 일은 아니다. 이런 이유 때문에 민감한 사안을 받아들여 유머로 웃어넘길 수 있고, 감동 받아 깨달음을 갖게 하는 諷詩調의 기법에 주목할 수밖에 없다. 그래서 諷詩調가 지적이며 문화적인 통징을 가져오게 하는 첩경이라 여겨진다.

 이 시에서 놀라운 기지의 발산은 2~3행에 있다.'막상막하, 정치란게 그래 / 上 뒤집으면 下 되고, 下 뒤집으면 上 되거든'에서 '막상막하(莫上莫下)'의 上과 下의 문자를 세웠다 뒤집었다 하면서 요동치는 정치판의 불안정성을 꼬집는, 재기(才氣)가 번뜩이는 컨시트를 선보이고 있다. 여기서 다만 上・下라고 하는 양극성의 문자를 가지고 세웠다 뒤집었다 하면서 엉뚱하게 결합한 결론이 「정치란게 그래」로 귀결한다. 이렇게 諷詩調의 컨시트는 동떨어진 개념이나 이미지를 결합하는 데 그치는 것이 아니라, 서로 상반된 단순한 두 개의 문자로써 새로운 제3의 개념을 형성하게 한다. 이런 관점에서

諷詩調의 컨시트는 보다 다양하고 발전된 성격의 것이라 볼 수 있다.

> 박지성·박주영의 꼴은 오 코리아
> OECD국 중 환경평가 맨 꼴찌의 꼴은 어이쿠 코리아
> 둘 다 꼴은 꼴이다마는 뒤에 꼴은 노꼴만도 못해서
> ― 박진환의 「物神時代·191」

지금 지구촌은 환경오염으로 인해서 점차로 죽어가고 있는 실정인데 우리나라가 OECD국 중에서 환경평가 최하위라 한다. 이 시에서는 이런 실정을 풍자적으로 꼬집고 있는데, 1~2행에서는 축구의 '꼴인'과 환경평가의 '꼴찌'란 서로 유사성이 없는 언어들을 관련 지워 '오 코리아'와 '아이쿠 코리아'라는 서로 반대되는 개념의 언어로 대비시켰고, 3행에서는 꼴찌의 '꼴'을 '노꼴'이라는 상충·상반되는 개념과 연관시킴으로써 '둘다 꼴은 꼴이다마는 뒤엣 꼴은 노꼴만도 못해서'라는 순발력 있는 기지(wit)를 보여준다. 동시에 더 나가서는 축구의 '꼴'과 환경평가 꼴찌라는 '꼴'의 두 글자들을 교모하게 결합한 諷詩調의 컨시트의 진수를 보여주고 있다.

3. 諷詩調의 양극화 기법

또 한 가지 諷詩調에서 가장 두드러지게 나타나는 특징 중의 하나가 양극화 현상이다. 그러기 때문에 諷詩調의 컨시트

는 동떨어지고 상반된 가장 먼 거리의 양극성을 폭력적으로 결합하는 과정이나 패러독스와 아이러니의 양면성에서 오는 강한 텐션이 諷詩調로 하여금 그만큼 응축된 의미의 비유가 되게 한다.

> 걸핏하면 여·야 율사들 발목잡느니, 발목잡히느니 해쌌는디
> 뿌리치고 혼자만 가려고 하니 그러지, 동행해봐, 왜 발목잡나
> 잡혀 부러지면 목발신세 못면해, 발목 거꾸로 해봐 목발이지
>   ─ 박진환의 「발목 거꾸로 하면 목발이지」의 전문

분쟁과 불화의 결과가 발목이 목발로 바뀌는 기발한 발상, 곧 생명체를 비생명체로 둔갑시키는 대담한 컨시트의 수사법이 놀라움을 준다. 그 외에도 여·야 율사들, 발목잡느니 발목잡히느니, 발목과 목발 등의 양극화가 이 諷詩調 전면에서 팽팽한 긴장을 조성시켜주고 있다, 거기다가 본래 여·야가 대치하는 정치구도, 그것만으로도 양극의 역학관계를 유지하는 긴장상태인데 여기에 분쟁과 충돌이 생기면 발목이 목발이 되는 더욱더 팽팽한 긴장관계를 촉발한다. 그래서 이 諷詩調는 웃기면서도 여·야가 정치적 협력관계를 잘 유지해야만 나라가 산다는 통징적인 메시지도 담고 있는 시이다.

> 악법·악법, 청문회, FTA로 여·야 붙어도 한판 크게 붙겠다
> 탓하지 말 것이 싸워야 국회답지 잠잠하면 그게 더 두려워
> 마찬가지야, 아이들도 싸움질하면서 크지 않던가

— 박진환의 「아이들도 싸우면서 커」

이 諷詩調는 빈번히 일어나는 국회의원들의 성숙하지 못한 의결과정에서의 난투극을 한 마디로 꼬집은 시이다. 아이들이 싸우면서 커가듯이 국회의원들도 싸우면서 커가야만 하는가 하는 시인의 통탄이 곁들어있는 시이다. 가장 성숙해야 할 국회의원들과 가장 성숙하지 못한 나이인 어린이들의 양극현상을 동류부류로 간주하여 이질성 속의 유사성을 찾는 시인의 기지가 번쩍인다. 여기에는 양극간의 이질성이 유사성으로 바뀌는 과정에서 서로 잡아당기는 강력한 텐션도 드러나 있다. 「싸워야 국회답지」에서는 국회가 싸움판이 되어서야 되겠는가 하는 아이러니의 성격을 띤 레토릭도 있고 국회가 변화되기를 촉구하고 갈망하는 통징도 들어있다.

4. 諷詩調의 구조와 그 전환속도

형이상시에서와 마찬가지로 諷詩調에서도 생략된 구문을 씀으로써 의미의 탄력과 밀도를 더하게 하고, 또한 집약적 표현으로써 시의 단축을 꾀하는 기법을 강조한다. 그 결과 시 전개과정에서 그 전환 속도가 빨라지기 마련이다. 그래서 시의 구조가 3행시로 되어 있고 따라서 행의 길이가 짧으면 짧을수록 생략적 효과가 살아나서 함축성이 있는 시가 된다.

諷詩調는 평시조(平時調)와 같은 초장 중장 종장의 3행 형식의 구조이면서도 3장 6구 12음보의 정형시에 매이지 않은 자유시요, 동시에 평시조보다 더 빠르고 생동감이 있는 기승전결(起承轉結)의 전개가 있다. 따라서 諷詩調의 함축성과 텐션을 살리기 위해서는 될 수 있는 대로 행의 자수(字數)를 줄이고 생략하는 것이 좋다.

> 침묵이 金이라고? 순 구식
> 요즘 세상에선 말 잘해야 출세해
> 신식으론 침묵은 禁이야
> ― 박진환의 「침묵은 禁이야」

  1행의 金이 3행에서는 禁으로 바뀐다. 1행에서 침묵은 金이란 말은 구식이요, 3행에서는 침묵이 禁이란 말로 바뀐 것이 신식이라는 것이다. '요즘 세상에선 말 잘해야 출세해'라는 새로운 진리(?)를 발견하고 시대와 더불어 급속히 변하는 처세술의 격세지감을 실토한 시라 하겠다. 또 이 시 속에는 침묵이 금(金)이었던 옛 시대가 참이요 말을 잘해야 출세한다는 현 시대가 잘못된 것이라는 시사성(示唆性)이 들어 있다. 諷詩調가 그 짧은 시로써 현시대의 많은 모순과 부조리를 다 압축하여 표현할 수 있는 것은 오로지 3행시 속에 짧은 행으로 모든 것을 소화시킬 수 있는 수용성(受容性)과 빠른 전환기능을 지탱할 수 있는 메커니즘에서 온 것이다.

> 銅臭에 코피터진 놈이

>   銅醉로 게워내는 주정
> 뭘 쳐다봐, 너나 나나 다를 것이 없는데
>   — 박진환의 「物神時代 · 68」

 이 시는 銅臭와 銅醉를 병치하고 3행에서 '뭘 쳐다봐, 너나 나나 다를 것이 없는데'로 동류화(同類化)시킨 해학적인 기법이 눈을 끈다. 銅臭란 말의 뜻은 돈으로 출세를 하려고 하거나 모든 것을 해결해 보려고 하는 물신주의자들을 낮잡아 하는 말인데 오늘날은 술로써 출세를 하려고 하거나 모든 문제를 해결하려고 하는 銅醉도 많다는 것이다. 銅臭와 銅醉의 내용이 담고 있는 절묘한 조화가 압축되어 이 짧은 諷詩調 한 편을 창구로 하여 오늘의 모든 시대상을 한 눈으로 볼 수 있다.
 그러나 풍조시에서 행의 자수를 줄이고 표현의 생략적인 효과를 극대화하려는 경제적인 언어구사는 아무나 할 수 있는 것이 아니다. 허다한 諷詩調에서 발견할 수 있는 것은 행이 짧으면 그 표현과 의미성도 부실한 경우가 많다는 것이다. 따라서 諷詩調는 자수(字數)를 최소화하면서도 그 함축성을 최대화할 수 있는 기법이야말로 바로 諷詩調의 완성도를 높이는 첩경임을 알게 된다.

맺는 말

 이상과 같이 諷詩調에서 보이는 수사법상의 기법이 형이상시의 그것과 유사한 점이 많다는 것을 알 수 있다. 그러나 그 구조적인 측면에서 볼 때 형이상시보다는 시가 짧고 컨시트도 형이상시보다는 언어유희의 측면에서 독특하고 문자유희의 면에서도 독보적인 경지를 보이고 있는 시라는 것이다. 諷詩調의 대부분이 명확한 양극화 구조로 되어 있고 상반되고 동떨어진 개념이나 사물을 결합하여 부조화의 조화를 이루고 있다. 또한 3행시의 짧은 시로서 생략적이고 압축적인 기법을 통해서 고도의 밀도감을 조성하기 위해 언어와 언어, 행과 행을 교합하여 전개되는 전환속도가 유달리 빠른 것도 그 특징 중의 하나라 하겠다. 이런 시의 특징 때문에 앞으로 諷詩調가 우리나라 문학의 한 장르를 이루고 발전하여 보다 큰 문학성을 발휘하는 날을 기대하여 마지않는다.

조선문학사시인선 1004

諷詩調詩集 · 491

풍간시초 · 7

2025년 11월 1일 인쇄
2025년 11월 10일 발행

지은이 / 박진환
발행인 / 박진환
펴낸곳 / 조선문학사
등록번호 / 1-2733
주소 / 03730 서울 서대문구 통일로 389(홍제동)
전화 / 02-730-2255
팩스 / 02-723-9373
E-mail / chosunmh2@daum.net

ISBN 979-11-6354-383-1

정가 10,000원

※ 인지는 저자와 합의 히에 생략
※ 잘못된 책은 서점에서 교환해 드립니다